August Benninghaus

Von Hermann Rieke-Benninghaus sind bei
BoD – Books on Demand erschienen:

Schön bist Du. Das Lied der Lieder

Herrlich bist Du. Psalmen

Botschaft des Heils. Evangelium

August Benninghaus. Märtyrer

Hermann Rieke-Benninghaus, geboren 1951,
studierte Pädagogik, Germanistik, Philosophie und Theologie in Osnabrück, Frankfurt
und Münster. Er ist verheiratet, hat drei
Kinder und wohnt in Dinklage.

Hermann Rieke-Benninghaus

August Benninghaus

Märtyrer

Bibliografische Information der Deutschen
Nationalbibliothek:
Die Deutsche Nationalbibliothek verzeichnet
diese Publikation in der Deutschen National-
bibliografie; detaillierte bibliografische Daten
sind im Internet über www.dnb.de abrufbar.

Neuauflage

Herstellung und Verlag:
BoD – Books on Demand, Norderstedt

ISBN 978-3-7386-1093-2

Inhalt

Der Märtyrer August Benninghaus

Der Hl. Cyprian hat gesagt, der Christ ist ein „anderer Christus", und wenn er es noch nicht ist, so soll er streben, immer mehr Christus zu gleichen und wie er zu werden. Für den Märtyrer Pater Benninghaus gilt mit der größten Berechtigung, daß er vorbildlich dieses Streben verwirklicht hat: Er ist ein „alter Christus" - ein anderer Christus. Alle Getauften zusammen bilden das heilige priesterliche Volk Gottes. Paulus spricht in seinen Briefen die Adressaten als „Heilige" an. Die frühen Christen kannten darum zunächst keine Heiligenverehrung.

Allerdings trafen sie sich bald am Todestag eines verstorbenen Christen an seinem Grab, um das Totenmahl, nach christlichem Brauch als Eucharistie, zu halten. Bei den um ihres Glaubens willen gewaltsam gestorbenen Gemeindemitgliedern wurde dieses Gedächtnismahl zu einer Sache der ganzen Gemeinde. So entstand der Märtyrerkult. Den Blutzeugen sagt man eine besondere Kraft der Fürbitte nach. Sie werden bevorzugt „heilig" genannt. Mit dem Jesuitenpater August Benninghaus aus Druchhorn lernen wir einen Märtyrer kennen, der wegen seiner unerschütterlichen Glaubensüberzeugung zu den Freunden Gottes gezählt wird. Auch für unsere Zeit ist er ein mächtiger Fürsprecher.

Das Elternhaus in Druchhorn

August Benninghaus wurde am 7. November 1880 in Druchhorn auf dem Hof Benninghaus geboren. Druchhorn ist eine Bauernschaft im Kirchspiel Ankum, zugehörig zum früheren Landkreis Bersenbrück und zum früheren Regierungsbezirk Osnabrück im Land Niedersachsen.

Der Hof Benninghaus, der Lage nach im Bruch, zählt zu den jüngeren frühmittelalterlichen Siedlungen um 900 nach Christus. Er wird schon 1262 im Messkornregister genannt, als „bonis in Boninchus" (Güter in Boninchus). Es handelte sich also wohl um eine Sippensiedlung; auf jeden Fall war es ein meßkornpflichtiger Hof. Die Endsilbe -ing (-inck, -ingh) im Hofnamen weist auf die frühe Hofanlage hin.

In dem lateinischen Namen kommt auch zum Ausdruck, daß der Boden des Ortes, an dem die Siedler Wohnsitz nahmen, besser war als der umliegende Bruch- und Sumpfboden.

Das Ehepaar Korfhage/Benninghaus hatte den Hof am 1. Januar 1869 übernommenen. Er war vom Schwager des Vorbesitzers, einem Möllmann, für seine älteste Tochter Caroline gekauft worden. Georg Benninghaus (das ist Johann Georg gr. Beilage, genannt Korfhage, aus Brokstreek/Löningen) und Caroline Benninghaus, geborene Möllmann aus Rüssel, heirateten am 20.1. 1869.

Die Kinderreihe war: Julius, Agnes, Theodor, Gustav, Johanna, August, Georg und Heinrich. Die Kinder sind noch mit dem Nachnamen Korfhage getauft worden, obwohl sie sich später alle Benninghaus nannten.

Die geistliche Berufung

Von den Eltern zu einer natürlichen Frömmigkeit erzogen, entwickelte August eine besondere Vorliebe für seinen Namenspatron, den Bischof Augustinus von Hippo. Ein Bild seines Namenspatrons war ihm kostbar. Er hat es in seinem späteren Leben immer in seinem Gebetbuch gehabt.

Augustinus war nicht nur ein überaus begabter Prediger, sondern auch ein unerbittlicher Bekämpfer sämtlicher Irrlehren. Seine glühende Gottesliebe war beispielgebend für August Benninghaus. Schon früh machte er so die Erfahrung, daß das Gebet die Schule des Herzens ist. Indem er sich demütig und kindlich der Führung Gottes überließ, ging ihm mit Augustinus der Grundsatz auf: Glaubenswilligkeit als Weg zur Religion, die als Gottesglaube das ganze Leben prägt.

Der Hof der Familie glich in seiner Einzellage einer Oase. Er war umschlossen von Wald, Heide und Sumpf. Birkwild war damals noch vorhanden, und Hasen Rebhühner und auch Füchse gab es genügend. Die Kinder erlebten, daß ihr Vater von der Jagd reiche Beute mitbringen konnte. Man sprach miteinander Plattdeutsch. 1885 gab es in Druchhorn 309 Einwohner.

Als Kind besuchte August Benninghaus mit den Geschwistern die Gottesdienste in der Pfarrkirche St. Nikolaus in Ankum. Eine kirchliche Unterweisung in Form der sogenannten Christenlehre hatte in Druchhorn eine lange Tradition: Sie wurde nach der Lage des Hofes Benninghaus die „Talger Christenlehre" genannt. Nach der Reformation soll man den Ankumer Pfarrer aus Talge vertrieben haben. Talge gehörte bis zu dieser Zeit zur Pfarre Ankum.

Der Pfarrer hatte darauf die Christenlehre in „Stüfings Feld" auf Druchhorner Gebiet abgehalten. Der Besitzer des Hofes Benninghaus hatte dann für die Unterweisung sein Haus zur Verfügung gestellt. In Druchhorn wurde als einziger Gemeinde des Kirchspiels Ankum zweimal Christenlehre gehalten: auf dem Hof Benninghaus durch den Pfarrer, auf dem Hof Gövert durch den Kaplan.

Die Christenlehre fand in der großen alten Bauernküche statt. In der Mitte wurde der lange Küchentisch aufgestellt, an der einen Seite stellten sich die Mädchen auf, an der anderen die Jungen. Zu Beginn wurde ein Kirchenlied gesungen, das der Lehrer anstimmte. Die eigentliche Unterweisung fand in Form von Fragen aus der biblischen Geschichte oder dem Katechismus statt. Zum Abschluß wurde eine Litanei oder ein gemeinsames Gebet gesprochen sowie ein Lied gesungen. Hinter den Kindern nahmen die Erwachsenen Platz. Die große Küche war immer bis auf den letzten Platz gefüllt. Wagenbretter auf Stühlen waren die Sitzgelegenheiten. 40 bis 50 Gemeindemitglieder nahmen an der Christenlehre teil.

August Benninghaus kannte als Kind den Jahreskreis der gleichbleibenden bäuerlichen Arbeiten genau. Seine Aufgabe war das Kühehüten. Einmal hatte er nicht richtig aufgepaßt, und die Kühe hatten im Feld des Heuermanns gegrast. Bevor August diese Nachlässigkeit in der Beichte bekannte, ging er zum Heuermann und bat ihn um Verzeihung.

Nach dem Besuch der Druchhorner Volksschule bei Lehrer Wessels besuchte August Benninghaus drei Jahre die Höhere Bürgerschule in Ankum. Auf dem einstündigen Fußweg zur Schule wurde der Rosenkranz gebetet. August ging dann fünf Jahre lang auf das Gymnasium Carolinum in Osnabrück. Sein Bruder Georg überlieferte in einem scherzhaft gefaßten Lebenslauf zum späteren Silbernen Priesterjubiläum, daß er aus Anlaß seines „Einjährigen", der Mittleren Reife, einen Kneipenbesuch in geselliger Runde mit drei Stunden „Karzer" (Arrestzeit) büßen mußte.

Der Jesuitenorden

August wohnte im Bischöflichen Konvikt und kam hier mit Jesuiten in Kontakt. Sein Bruder Theodor bereitete sich nach seinem Theologiestudium in Münster und Fulda im Priesterseminar zu dieser Zeit auf seine Priesterweihe am 10. März 1900 im Osnabrücker Dom vor.

In der nachösterlichen Zeit, am 26. April 1900, trat August in das Noviziat der Jesuiten in Blijenbeek in den Niederlande ein. Seine innere Einstellung spiegelt sich in einem Heiligenbildchen, das er einen Tag später seinem Bruder Georg schenkte. Mit dem Hl. Aloysius sagte er: „Ich werde mich glücklich preisen, wenn ich für Gott etwas zu leisten habe." Das Noviziat ist der erste Abschnitt der Ordensausbildung der Jesuiten und führt zum „Ersten Gelübde".

Jesuiten haben keine besondere Ordenskleidung. Mitglieder des Ordens tragen hinter ihrem Nachnamen den Zusatz SJ (Societas Jesu). Symbol des Ordens ist das Christusmonogramm IHS (die ersten drei griechischen Buchstaben des Namens Jesus), welches oft auch ausgedeutet wurde als: Iesum Habemus Socium (Wir haben Jesus als Gefährten).

Motto des Ordens ist die lateinische Wendung:

Omnia Ad Maiorem Dei Gloriam (Alles zur höheren Ehre Gottes), oft abgekürzt OAMDG.

Das Juniorat von Pater Benninghaus war in Exaeten. In Deutschland war derzeit der Jesuitenorden verboten. Kurz nach der Gründung des Deutschen Reiches wurden die Jesuiten während des sogenannten Kulturkampfes 1872 des Landes verwiesen.

Nach Abschluß des Noviziats studierte er ab 1902/03 in Valkenburg Philosophie und Theologie. Ab 1907 schickte ihn der Orden als Scholastiker nach Indien. In Bombay wirkte er ab 1908 an der St.-Xaver-High-School, an der Angehörige verschiedener Religionsgemeinschaften unterrichtet wurden. Diese Phase der Ausbildung der Jesuiten, die er hier durchlief, wird Magisterium genannt.

Er unterrichtete zunächst Englisch, Mathematik und Latein, später auch noch Geschichte und Geographie. Ferner fungierte er als Gehilfe des Präfekten der Bibliothek. Zusätzlich nahm er ein Sprachenstudium auf. In dem Missionsgebiet, das zum Teil altes Christenland war, gab es ungefähr 40.000 Katholiken. Die Jesuiten arbeiteten hier meist unter den niedersten Volksschichten, da nur dort Aussichten auf größere Erfolge bestanden.

Aus Indien brachte er eine Kokosnuß und ein ausgeblasenes Straußenei mit nach Druchhorn. Heute werden beide Stücke von der Familie zur Erinnerung aufbewahrt.

Dieses Kirchenlied schrieb er ab:

Immaculata, Du Lilienblüte
Der ewigen Reinheit
Geliebteste Braut
Hör das innige Flehen
Deines Kindes
Das Dir Leib und Seele vertraut
O Jungfrau, o Mutter, ohn Schatten der Sünd,
Immaculata schütze Dein Kind.

Dir hab' ich jetzt mich auf ewig geweihet
Und all' mein Sinnen und Minnen sei Dein,
Dir geb ich's Reinste der Jungfrauen zum Pfand
Lass mich ein schuldlos Marienkind sein
Bis einstens dort oben vereinigt wir sind
Immaculata schütze Dein Kind.

Ich möchte ein Blümchen werden
Ein Blümchen licht und klar
Und Dich o Mutter grüssen.
Am lieblichen Altar

Maria Himmelsblume, Du Jungfrau mild und rein
in Deinem Himmelsgarten, lass mich ein Blümchen sein.

Ich möchte ein Sternlein werden, ein Sternlein licht und klar
In Deiner Königskrone, am lieblichen Altar
Maria Stern des Meeres, Du Jungfrau mild und rein
In Deiner Königskrone, lass mich ein Sternlein sein.

Ich möchte ein Englein werden, ein Englein licht und klar
Doch Du hast mich erkoren, für Deine Kinderschar,
Ich darf Dich Mutter nennen, o Jungfrau mild und rein

O schönstes Glück auf Erden Marienkind zu sein.

1911 kehrte er wieder in das Jesuiten-Kolleg nach Valkenburg zurück, um sein Tertiat zu absolvieren. Das Tertiat, der letzte Abschnitt der Ordensausbildung (mit Vorbereitung auf die „Letzten Gelübde") erfolgte unter Novizenmeister Pater Ernst Thill. Der hatte seinen Novizen vorhergesagt: „Es kann sein, daß der eine oder andere von Ihnen auch noch einmal am Marterpfahl endet."

Sein Mitbruder P. Ferdinand Conrath SJ erinnert sich an seine aufragende Gestalt mit blonden Haaren und blauen Augen. Er empfand ihn als einen so ehrlichen Menschen, daß er ihn einer Lüge oder Heuchelei für unfähig hielt. In den Studien bildete er den gesunden Mittelstand; beim Schlagballspielen in Erholungszeiten war er kräftig und unübertroffen. Ein unermüdlicher Handarbeiter war er mit der Schaufel, um monatelang eine Kiesschicht beim Kolleg auszuheben.

Auf schriftlichen Ratschlag des Weihekandidaten vom 30. August 1912 hatten sich die Angehörigen in Druchhorn mit dem kleinen Büchlein „Die Erteilung der heiligen Weihen in der katholischen Kirche" auch schon auf seine Diakonatsweihe vorbereitet. Am 24. August 1913 wurde August Benninghaus vom Kölner Erzbischof Felix Kardinal von Hartmann in Anwesenheit seiner Eltern in Valkenburg zum Priester geweiht. Mit dem Hl. Augustinus betete er: „O Herr, unser Gott. Du hast uns berufen, wir rufen zu Dir. Wir hören Deine Berufung:

höre Du unsere Anrufung! Führe uns dorthin, wohin zu führen Du uns verheißen! Vollende, o Gott, was Du begonnen; verlaß nicht die Deinen! Amen."

Zunächst kam Pater Benninghaus als Operarius (in der Seelsorge Tätiger) in das Bonifatiushaus im niederländischen 's-Heerenberg.

1915 wurde Pater Benninghaus von seinen Oberen nach Tullamor in Irland gesandt, um die Sprachkenntnisse zu erweitern und sein Terziat abzuschließen. Beim Austausch von Kriegsgefangenen kam er 1916 nach Holland zurück, wo er wieder in `s-Heerenberg in der Seelsorge arbeitete und die letzten Gelübde ablegte. Er stellte sich freiwillig dem Heeresdienst und wurde als Divisionspfarrer an die mazedonische Front geschickt. Dort erhielt die Division Besuch von Erzbischof von Faulhaber, dem späteren Kardinal. Gegen Ende des Ersten Weltkrieges wurden 1917 die Jesuitengesetze wieder aufgehoben.

Die Jahre als Exerzitienmeister

Der Kreis der Familie war für Pater Benninghaus Quelle seiner Geborgenheit. Familienereignisse wie Todesfälle, Hochzeiten und Geburten nahmen in seinen Gedanken einen wichtigen Platz ein. Sein gesamter Schriftwechsel beschäftigte sich immer wieder mit den Familienangehörigen. In seinen Briefen schlug er einen heiteren Ton an, wenn er sich nach dem Befinden der Angehörigen erkundigte.

Nach Kriegsende wurde Pater Benninghaus mit der Betreuung der Jugendverbände und mit der Seelsorge an einem Krankenhaus in Köln-Deutz beauftragt. Er war Mithelfer im Bund Neudeutschland (ND) und als Präses von Gymnasiasten-Kongregationen in Opladen und Köln-Mühlheim. Etliche Deutzer und Kölner Jungen konnte er zur Erholung nach Druchhorn und nach Ankum vermitteln.

Im Jahre 1924 übertrug der Orden Pater Benninghaus das Amt eines Exerzitienmeisters. Als solcher wirkte er ab 1925 in Niederkassel am Rhein, Münster/Westfalen und im Kloster Bethlehem bei Bergheim/Erft.

Die Kurse von Pater Benninghaus waren eine anstrengende Angelegenheit, denn hier entfaltete er seine ganze Leistungskraft. In den Pausen zwischen den Kursen teilte er gedruckte oder geschriebene Briefe an ehemalige Teilnehmer aus, um ihren Eifer wachzuhalten. Bei einem Schlußvortrag hat ihn P. Ferdinand Conrath SJ einmal in der Kapelle erlebt: „Da sprach er und am Schlusse betete er auf dem Boden vor dem Marienstandbild kniend mit einer Innigkeit und einer so echten, kernigen , überzeugenden Frömmigkeit, daß er alle förmlich bezwang, sicher auch das Mutterherz im Himmel."

In Twist im Emsland hatte Pater Benninghaus im Juni 1925 mehrtägige Exerzitien für die Pfarrgemeinde gehalten. Hier war seit 1916 sein Bruder Theodor Pfarrer.

Der Pater teilte auch bei diesen Exerzitien ein Erinnerungsbildchen aus:

1. Der ewige Gott hat mich gemacht. Ich trage Gottes Bild im Herzen:

getauft - gefirmt: bin Gotteskind ! Ein Christ bin und bleib ich!

2. Nur seinen Willen darf ich tun: bin zu gross, um Sklave von Menschen oder

Leidenschaften zu sein.

3. Und seinen Willen MUSS ich tun; ich geh zurück zu Gott, und dann entweder

Himmel oder Hölle. Darum nie eine Todsünde!

Rette deine Seele
Bete - es ist deine grösste Ehre.
Arbeite - an erster Stelle für den Himmel.
Kämpfe - unter der Fahne Christi.
Rette - auch andere möchten in den Himmel.
Es bittet um ein Vaterunser
der Exerzitienmeister P. Aug. Benninghaus SJ

Ab 1928 wurde Pater Benninghaus in Münster Diözesanpräses der Männergemeinschaften.
Er wirkte als Leiter der Exerzitienkurse und
Volksmissionar im Kettelerheim in Münster.
Von seinem Zimmer hatte er einen Blick auf
den Marienplatz. Sein Zimmernachbar war P.
Emmerich Raitz von Frentz, mit dem er sich
gut verstand. P. Raitz von Frentz erzählte: „Wir
saßen häufig zu einem kurzen Plauderstünd-
chen zusammen; dafür hatte Benninghaus ein
besonderes Verständnis, wußte vieles zu erzäh-
len. Bei Tisch war er häufig recht lebhaft, meist
auf der konservativen Seite. Mit manchen Geistlichen der Stadt und Umgebung war der Pater
gut bekannt und besuchte sie auch manchmal
zu einem Spielchen. Als wir einmal einen rich-
tigen Exitus [Ausflug, Spaziergang] mitsammen
machten, nahm ich wahr, wie sehr ihn der Pfarrer, bei dem wir einkehrten, schätzte. Trotz seiner vielen Arbeiten nahm er es mit seinen geist-

lichen Übungen überaus genau. Ganz wollte er das Ideal des Ordens verwirklichen. Und man spürte immer mehr, wie unter der rauen Schale ein goldener Kern steckte."

Mit dem neuen Pfarrer der Stadtkirche St. Lamberti in Münster war er herzlich verbunden. Es war Clemens August Graf von Galen. Die Quelle ihrer menschlichen Prägung war für beide die Heimat im Elternhaus. Der beherrschende Wurzelgrund ihrer menschlich-religiösen Persönlichkeiten war ihr Glaube. Glaubenszweifel waren ihnen fremd. Ihr Glaube war fest und unerschütterlich wie die Eichen um ihre Elternhäuser. Gott und seine Offenbarung in Christus - das war ihr gemeinsames sicheres Fundament. Beide fühlten in der Liebe Gottes eine tiefe und sichere Geborgenheit, die auch in bösen Tagen unerschütterlich blieb. In der Sicherheit der kindlich-vertrauensvollen Gottesliebe war ihr gemeinsames Anliegen, den Willen Gottes zu erkennen und ihn bedingungslos zu erfüllen.

Aufstieg der Nationalsozialisten

Pater Benninghaus war mit seinem Motorrad beweglich. Er benutze es nicht nur, um an seine verschiedenen Einsatzorte zu gelangen, sondern auch für Fahrten von Münster nach Druch-horn. Aber er fuhr die Strecke von 100 Kilome-tern auch mit der Bahn, wobei er sein Fahrrad mitnahm, um von der Bahnstation in Bersen-brück aus die Sandwege zum heimatlichen Hof zurückzulegen.

Gerne verbrachte er Ferientage in seinem Va-terhaus. Sein Brevier, das priesterliche Stunden-gebet, betete er auf den Wegen rund um den ei-chenumstandenen Hof. Hier bereitete er sich auf seine Kurse vor und machte sich hand-schriftliche Aufzeichnungen für Predigten. Sei-ne Grundgedanken waren schlicht und einfach:

Den Glauben findet der Mensch, wenn er auf-richtig auf die Zeichen schaut.
Zeichen ist vor allem Christus selbst.
Die Wahrheit bezeugt sich selbst.
Das Zeugnis der Kirche ist Christus.
Wer an ihn glaubt, wird nicht gerichtet; wer nicht glaubt, ist schon gerichtet.
Folgt Christus nach: Er ist der Weg, die Wahr-heit und das Leben.

Auseinandersetzung mit den Machthabern

Sein fester Glaube und sein offenes Wesen brachten Pater Benninghaus unausweichlich in Konflikt mit den Machthabern. Bereits während einer Gebetswoche 1934 in Ankum, die außerordentlich gut besucht war, mußte er sich vor dem NSDAP-Ortsgruppenleiter A. Fischer verantworten. In einer Predigt hatte er erklärt, daß die Kirche seit Zeiten Karls des Großen in Ankum gegründet sei. A. Fischer hingegen sah das III. Reich als Erben Karls an. Die Frage des Jesuiten, wann denn Karl gelebt habe, blieb unbeantwortet und beendete das Gespräch schlagartig.

Aus dem Kloster Bethlehem in Bergheim/Erft schrieb der vielbeschäftigte Exerzitienmeister am 20. August 1934 an seinen Bruder Georg nach Heiligenstadt:

„Die geh. [geheime] Staatspolizei hat uns all die Zeit in Ruhe gelassen, auf eine Anweisung des Regierungspräsidenten hin."

Im Jahr 1936 hatte Pater Benninghaus seinen 600. Exerzitienkurs gehalten, wozu ihm der Pater Generalobere aus Rom ein Glückwunschschreiben schickte. Vom Pater Provinzial erhielt er ein neues Brevier. Er selbst nannte seine Kurse „Badekur" und konnte in diesem Jahr auffallend viele Bekehrungen bei den Teilnehmern verzeichnen.

Von Bergheim aus hielt er halboffene Besinnungstage in verschiedenen Gemeinden, meist für alle Gruppen der Pfarrei. Tage mit ihm in Oberheimbach a. Rhein müssen die Teilnehmer so ergriffen haben, daß Dechant Julius Höltzenbein zu einem Vergleich griff. Er sah in Pater Benninghaus den Paulus des Galaterbriefes: „Wo ist nun eure selige Begeisterung? Denn ich bezeuge euch, ihr hättet, wenn es möglich gewesen wäre, euch die Augen ausgerissen und sie mir gegeben." (Gal 4,15)

Am 12. Januar 1936 schrieb Pater Benninghaus an seinen Bruder Georg:

„Augenblicklich herrscht hier zulande eine sonderbare Ruhe bzl.[bezüglich] der Priester. Freilich ist ja vor ca. 14 Tagen mein Mitbruder Spieker zu 15 Monaten verurteilt worden und zwar von einem Staatsanwalt, der früher wenigstens, ob jetzt noch, weiss ich nicht, sehr oft zur hl. Kommunion ging.

...Prüfungen müssen kommen, aber es ist nicht angenehm, wenn man an der Reihe ist."

Vorsichtig bat er die Verwandtschaft um Mithilfe bei der Unterstützung des Ignatius-Collegs in Valkenburg. Um nicht gegen die scharfen Devisenbestimmungen zu verstoßen, durften die Jesuiten nur noch einmal im Monat vom

Kloster Bergheim 10 Mark mit der Post über die Grenze nach Holland schicken. Wenn jemand aus der Familie helfen wollte, wurde der sichere Postweg für die jeweiligen 10 Mark mitgeteilt.

1936 wurde aus Anlaß der Silbernen Hochzeit seines Bruders Gustav und seiner Frau Josefa ein steinernes Hofkreuz in Druchhorn aufgestellt, das Pater Benninghaus einweihte. Der Sockel trägt die Inschrift:

Mein Jesus - Barmherzigkeit - Errichtet 1936.

In Tagen der Erneuerung der Gelübde in der Gesellschaft Jesu verfaßte Pater Benninghaus ein Gedicht, das seine Gefühle und Gedanken zum Ausdruck brachte:

Aus Liebe nur, von keiner Macht gezwungen
hab ich o teure Schar dich auserseh'n
im Kampfe sah ich dich vom Feind umrungen
und doch dein Banner immer mächtig stehn.
Ich sah, wenn schwerste Arbeit dir gelungen
zum Himmel dich um neue Arbeit fleh'n
Drum hab ich deine Fahne auserkoren
die laß ich nicht, ich hab'es Gott geschworen.
Die laß ich nicht, und müsst ich bettelnd wallen von Tür zu Tür in der rauhesten Zeit
die lass ich nicht und müsst ich endlich fallen

nach heißem Kampf im blutgetränktem Kleid.
Für dich, mag auch der Welt Gelächter schallen,
bin ich zu Schmach und Ehre gleich bereit:
Denn deine Fahne hab ich auserkoren,
die laß ich nicht, ich hab'es dir geschworen.

O Heiland in des Himmels lichten Höhen,
der du der Schar dein Banner hast verliehen
der du mich hießest zu dem Kranze stehen,
ihm nach durch steten Kampf zum Siege zie-
hen
o wollest gnädig auf mich niedersehen
daß nie die Kräfte mir im Streite fliehen!
Denn deine Fahne hab ich auserkoren,
die laß ich nicht, ich hab'es dir geschworen.
Und du Maria in des Himmels lichten Höhen,
in der ich früh die beste Mutter fand,
o führe mich zum Heiland, deinem Sohne,
der mich in Schlachten heiß und wild gesandt,
daß noch im Tod, für alle Müh' zum Lohne
sein Banner halte die erstarrte Hand!
Denn seine Fahne hab ich auserkoren
die laß ich nicht, ich hab' es ihm geschworen!

1936 tagte ein Sondergericht in Köln wegen
Pater Benninghaus. Der Vorwurf lautete, der Je-
suit habe sich dahingehend geäußert, daß die
Kirche schon viele Reiche überdauert habe.

Am 20.4.1936 wurde Pater Benninghaus jedoch vom Vorwurf freigesprochen, gegen das Heimtückegesetz verstoßen zu haben. Ab Herbst 1936 war er zwei Jahre als Volksmissionar in Hannover tätig.

Auf Wallfahrten, die er an verschiedenen Orten organisierte, bestärkte er die Teilnehmer in ihrer christlichen Haltung. Laut Runderlaß des Preußischen Ministerpräsidenten Hermann Göring waren nur althergebrachte Wallfahrten erlaubt. Jede Teilnahme war öffentliches Eintreten für den katholischen Glauben und die Kirche. Eine Wallfahrt im Jahr 1937 stellte Pater Benninghaus unter das Motto: Bis in den Tod die Treue! Der Inhalt seiner Predigten war, daß die Liebe zu Gott an erster Stelle stehen muß. Seinem Dienst ist nichts vorzuziehen.

Am 28. August 1938 feierte Pater Benninghaus in Druchhorn und Ankum sein Silbernes Priesterjubiläum. Ab Sommer war er wieder in Münster tätig. Hannover hatte er als schöne Stadt empfunden, aber er vermißte dort das Anheimelnde, das ihm aus Münster vertraut war. Hier fand sich auch wieder eine größere Nähe zum Bischof von Münster, Graf von Galen, der mit Jesuiten seit seinen Schülertagen im Jesuitenkolleg in Feldkirch (Österreich) gut vertraut war. Beide hatten eine Grundeinstellung, die von Galen so erklärte: „Je demütiger und selbstloser wir auf eigene Wünsche verzichtend uns

Gottes Willen unterwerfen, desto mehr dürfen wir hoffen, Gottes Werkzeuge zu sein."

Nach dem Buß- und Bettag 1938 wurde wegen abfälliger Bemerkungen über den Nationalsozialismus ein Strafverfahren wegen erneuten Vergehens gegen das Heimtückegesetz gegen Pater Benninghaus eingeleitet. Im Monatsbericht vom Januar 1939 der Staatspolizeileitstelle Münster wird festgehalten: Gegen Benninghaus wurde ein Strafverfahren nach § 2 des Heimtückegesetzes eingeleitet, „weil er gelegentlich der religiösen Woche die Männer in Nordkirchen aufforderte, am Buß- und Bettag zur Kirche zu kommen, da sie an diesem Tage die Wahrheit erfahren würden. An diesem Tage sprach er in abfälliger Weise über den nationalsozialistischen Staat und stellte die nationalsozialistische Weltanschauung mit dem Kommunismus und dem Heidentum auf eine Stufe." Das Verfahren wurde jedoch aus Mangel an Beweisen im Sommer 1939 mit einer bloßen Verwarnung eingestellt.

Aus dem Monatsbericht vom September 1939 der Staatspolizeileitstelle Münster geht hervor, daß Pater Benninghaus „im März 1939 in der Kirche in Borghorst von der Kanzel herunter scharf gegen die Einführung der Gemeinschaftsschule Stellung genommen" hat. Die Machthaber wollten unter Bruch des Reichskonkordats die Bekenntnisschule abschaffen und durch die „Deutsche Gemeinschaftsschule" ersetzen. Ein Strafverfahren bei der Staatsanwaltschaft Münster wurde wegen Vergehens gegen das Heimtückegesetz eingeleitet. Das beim Dortmunder Sondergericht angestrengte Verfahren endete jedoch am 25.10.1939 aufgrund der Führeramnestie vom 9.9.1939 mit einer Verwarnung.

Wegen staatsabträglicher Äußerungen in einer Predigt über das moderne Neuheidentum des Staates ermittelte das Sondergericht Dortmund im Mai 1940 erneut gegen Pater Benninghaus wegen Verstoßes gegen das Heimtückegesetz. Wiederum wurde das Verfahren aus Mangel an Beweisen am 9.9.1940 eingestellt, was für die Gestapo eine Niederlage bedeutete.

Das Weihnachtsfest 1940 verbrachten die zehn Jesuiten im Ignatiushaus stimmungsvoll mit „Klampfe und Flöte". Der junge Superior hatte für jeden einen Teller mit Leckereien organisieren können. In den letzten Monaten hatte die Bombardierung Münsters durch die Engländer aufgehört. Allerdings schienen die neuen Schutzgräben so fest gebaut zu werden, als ob etwas ganz Besonderes bevorstünde. Die jüngeren Jahrgänge mußten zu Beginn des Jahres 1941 zum Kriegsdienst einrücken, die älteren sollten bald folgen.

Die Verhaftung

Am 27. Juni 1941 verhaftete die Geheime Staatspolizei Pater Benninghaus abermals in Münster. Die Formulierung des Schutzhaftbefehls aus Berlin folgte dem Muster: „Er ist ein typischer Vertreter des politischen Katholizismus, der es sich angelegen sein läßt, der Partei und dem Staat nach Kräften Schaden zuzufügen." Der Monatsbericht Juni 1941 der Staatspolizeileitstelle Münster vermerkt dazu: Benninghaus „wegen staatsfeindlicher Äußerungen bei Rekrutenexerzitien in Schutzhaft genommen." Pater Benninghaus sollte, wie man später erfuhr, am 22. Juni 1941 bei einem Einkehrtag für in den Militärdienst einberufene Männer im Ascheberger Katharinenstift staatsfeindliche Äußerungen von sich gegeben haben, was ein bestellter Spitzel verriet. Zunächst war Pater Benninghaus im Polizeigefängnis Münster. Das vor dem Sondergericht erneut angestrengte Verfahren endete mit Einstellung mangels Beweisen. Aber Pater Benninghaus war nun in der Gewalt der Gestapo.

Zusammen mit der ebenfalls verhafteten Sekretärin von P. Muckermann SJ, Nanda Herbermann, fuhr ihn die Gestapo zunächst nach Bochum. Dort war Vollalarm, das Dröhnen der englischen Bomber und heftiges Flakschießen waren zu hören. Doch das Gefängnis hatte keinen Platz mehr. So wurde er zusammen mit dem Jesuiten Dr. Albert Maring SJ, der von zwei Abgesandten der Berliner Zentrale der Geheimen Staatspolizei im Reichssicherheitsamt in Lübeck am 3. 2. 1941 verhaftet worden war und seither im Polizeigefängnis Münster gesessen hatte, nach einer Irrfahrt der ortsunkundigen Gestapoleute in das Polizeigefängnis Herne eingeliefert. Von dort gelang es Pater Benninghaus, durch einen Mann einen Briefumschlag zu Pater Superior Lambert Klassen SJ nach Dortmund zu schmuggeln. Handschriftlich hatte er in Latein darauf geschrieben: (deutsche Übersetzung) „Wir befinden uns hier im Gefängnis und bitten um Wäsche, Lebensmittel und Tabak." Pater Jakob Müller SJ gelang es, die beiden Mitbrüder dort zu sehen. Bald darauf wurden die beiden gefangenen Jesuiten nach Bochum überstellt.

Aus dem Ignatiushaus in Münster erhielten die Angehörigen folgenden Brief vom 7. Juli 1941:

„Geehrter Herr Benninghaus, leider muß ich Ihnen eine Mitteilung machen, die für Sie eben so traurig ist, wie sie es für uns schon war. Ihr Bruder August ist vor 8 Tagen ins Gefängnis gekommen. Man sagt, ein Wort in einer Predigt sei der Grund, doch kann ich nichts Sicheres darüber sagen. - Ein zweiter Grund, Ihnen Mitteilung zu machen ist der, daß Sie als Bruder eher die Möglichkeit haben, Ihren Bruder zu besuchen, während wir keinen Zutritt zu ihm erhalten. - Daß wir viel für Ihren Bruder beten, wie Sie es jetzt auch tun werden, versteht sich von selbst. Ich hoffe, daß er die schwere Prüfung gut besteht und durchhält. - Ihr ganz ergebener E. Raitz von Frentz."

Der Sturm gegen die Kirche äußerte sich in Enteignungen von Klöstern, Vertreibung von Schwestern und Mönchen und Verfolgung von Priestern und Gläubigen. Die Maßnahmen gegen Ordensleute hatten im Bistum Münster am 6. Juli 1941 begonnen. Am 12. Juli sollten die beiden Häuser der Jesuiten in Münster (Ignatiushaus und Haus Sentmaring) beschlagnahmt werden. Der Bischof von Münster, Clemens August Graf von Galen, eilte zunächst zum Haus Sentmaring in der Weseler Straße, um sich selbst ein Bild von der Vertreibung zu machen. Auf dem Rückweg besuchte er auch das Ignatiushaus in der Königstraße. Am nächsten Tag, Sonntagmorgen um 11 Uhr, hielt er in der Lambertikirche, seiner früheren Pfarrkirche, die erste seiner drei berühmten Predigten. Er forderte Gerechtigkeit vom Staat. Ursprünglich hatte er darüber sprechen wollen, wie Gott Münster zu sich heimholen wolle. Er benannte aber dann die furchtbaren Verwüstungen in Klöstern und Übergriffe gegenüber Priestern und Ordensleuten, die sich in der jüngsten Vergangenheit ereignet hatten. Er sah es als seine bischöfliche Aufgabe an, die rechtlosen Verhaftungen der Gestapo öffentlich anzuprangern, um Schaden vom ganzen Volk abzuwehren.

Von Bochum konnte Pater Benninghaus am 24. September 1941 eine Postkarte aus dem Polizeigefängnis in der Uhlandstraße an seine Angehörigen senden. Er bedankte sich für Äpfel von seinem Bruder Georg, die ihn erreicht hatten. Ansonsten gelte für ihn: „Dein Wille geschehe!" Von hier wurde Pater Benninghaus in das Konzentrationslager Sachsenhausen bei Berlin verlegt: „Zur Sicherheit seines Lebens", wie die Gestapo erklärte.

Das Konzentrationslager Sachsenhausen

Nach seiner Ankunft erwartete Pater Benninghaus und die anderen Schutzhäftlinge eine Empfangszeremonie, indem sich eine Schar von SS-Leuten, die sonst nichts zu tun hatten, auf die Neuankömmlinge stürzte. Es hagelte Schläge und Fußtritte. Zum größten Spaß der Scharführer wurden die „Neuen" mit Wasser begossen, mit Steinen beworfen, zu Boden gerissen, getreten und unter Ohrfeigen zur Aufnahme der Personalien geleitet. Bei dieser ersten Vernehmung über die Personenstandsdaten kam es zu wüsten Auswüchsen. Besonders beliebt war die Frage nach dem Grund der Einlieferung in das Konzentrationslager, denn den kannten die allermeisten der neuen Häftlinge nicht. Dort wurde Pater Benninghaus von einem SS-Mann derart geprügelt, daß er stürzte und auf eine Tischkante aufschlug. Dabei erlitt er eine Gehirnerschütterung, von der er sich bis zu seinem Tode nicht erholte.

Anschließend folgte der Einmarsch durch das Eingangstor in das eigentliche Lager, wo die „Belehrung" durch den Lagerführer folgte. Sie bestand wesentlich aus der Androhung der Todesstrafe für die verschiedensten Vergehen gegen die Lagerordnung.

Nun war er Schutzhäftling Nr. 39790. Die Nummer wurde auf der Kleidung aufgenäht.Darunter kam ein roter Winkel zur Kennzeichnung als politischer Häftling.

Pater Benninghaus, der schon über 60 Jahre alt war, überstand diesen Prozeß der Willensbrechung und menschlichen Entwürdigung, indem er im Gebet Zuflucht nahm. Die Schulung seiner inneren Einstellung durch die Exerzitienkurse im Geist des Ignatius ließ ihn zu einem „Verkosten der Dinge von innen" kommen. Er wußte, daß die Liebe zu Gott als ein Akt echter Selbsthingabe durch Angst und Furcht bedroht wird. Wie schwierig wurde es, diese Liebe zu bewahren in einem Umfeld, das jegliche Ehrfurcht vor Gott und den Menschen vermissen ließ, in einem von Haß und Menschenverachtung geprägten Lager der SS.

Im Wohnblock 15a stürzte auf ihn eine verwirrende Fülle neuer Eindrücke von Blockältesten, Schreibern und Kapos (Arbeitskommandoführern). Die Betten standen im Schlafraum, der mit 100 bis 200 Männern belegt war, in zwei bis drei Etagen übereinander. Mangelernährung, die unzureichende Kleidung, überschwere Arbeit und Schikanen durch die SS-Leute bis hin zu willkürlichen Tötungen verringerten ständig die Zahl der Lagerhäftlinge. Das schuf Platz für die ständigen Neueinlieferungen.

Am 4.1.1942 schrieb Pater Benninghaus an seine Angehörigen:

„Meine Lieben! Mein Weihnachtsbrief wird Euch Freude gemacht haben; ich selbst war froh, Euch gute Nachrichten schicken zu können. Im letzten Brief vom Tod des lieben Bruders hat Josefa sehr genau die Lagervorschriften eingehalten; ich bitte, dieses immer zu tun. Wie Geld geschickt werden muß, steht oben. Ist Georg heimgekehrt? Dann wird Freude sein. Hier geht's ja, was Kälte angeht; aber am glücklichsten sind doch jene, die das Holz vor der Haustür haben. Und unsere Lieben in Russland! Ist von Verwandten oder Bekannten jemand gefallen? - Wie geht's Euch? Dem Onkel, Agnes und all den andern? Weihnachten sind wir auch nicht ganz ohne Freude gewesen. - Lebt wohl und hofft auf ein glückliches neues Jahr! Euer August."

Ein Auszug aus der Lagerordnung war oben auf die Briefbögen gedruckt. So durfte jeder Häftling zwei Briefe pro Monat empfangen und absenden. Dabei mußten die eingehenden Briefe nicht mehr als 4 Seiten mit je 15 Zeilen enthalten. Schlecht lesbare Briefe, so der Lagerkommandant, würden vernichtet. Geldsendungen per Postanweisung waren erlaubt. „Im

Lager kann alles gekauft werden." hieß es in der Lagerordnung. Seine Briefe kursierten unter den Geschwistern nach festgelegter Reihenfolge: Essen i.O., Handrup, Heiligenstadt, Ehren, Druchhorn und Suttrup.

Das Konzentrationslager Dachau

Am 11. März 1942, in der vorösterlichen Zeit, wurde Pater Benninghaus in das KZ Dachau verlegt. Seine neue Häftlingsnummer war
29 373.

Das Lager bestand aus 34 Baracken (Blocks) für ursprünglich 6000 Häftlinge. Es war umgeben mit Stacheldrahtzaun, der elektrisch geladen war. Jeder Block hatte vier Stuben für je 70 Häftlinge. Bereits 1941 wurden 150, 1945 über 300 Lagerhäftlinge in die Betten verfrachtet.

Im Schubraum vollzog sich die Einlieferungsprozedur in das Konzentrationslager Dachau, die für die Gefangenen den gewaltsamen Verlust aller persönlichen Rechte, Freiheiten und menschlicher Eigenständigkeit bedeutete. Dort standen entlang der Säulenachse Tische, die den Raum in zwei Teile teilten. An der Fensterseite standen die eingelieferten Häftlinge, dort mußten sie sich vollständig entkleiden. Hinter den Tischen befanden sich SS-Männer und Funktionshäftlinge, die alle eingelieferten Häftlinge registrierten, ihre Kleidung und all ihre persönlichen Habseligkeiten entgegennahmen. Das Bad war die letzte Station der Einlieferungsprozedur. Die neu angekommenen Häftlinge wurden kahlgeschoren, desinfiziert, geduscht und danach in Häftlingskleidung zu den Baracken geschickt.

Die Block- und Stubenältesten, Schreiber und Kapos waren durchweg Kommunisten. Außerhalb des Blockbereichs lag die etwa doppelt so große mit einfachem Maschendraht eingefaßte Heilkräuterplantage. Es gab Tee- und Gewürzeanbau, Lehrkultur, Gemüseland, Gewächshäuser, Freiland und das landwirtschaftliche Gut „Liebhof". Zur Arbeit wurden fast 1000 Priester eingesetzt. Dort war die körperliche Arbeit besonders schwer, weil es keine zusätzliche Zwischenmahlzeit (Brotzeit) gab. Ein Todeskommando hieß „Erdbewegung". Besonders im Sommer waren die Arbeitstage bei Tageshelligkeit sehr lang. Bei Nebel wurden die Priester wegen der damit verbundenen Fluchtgefahr zu Reinigungsarbeiten innerhalb des Blockbereichs eingesetzt. Auch sonntags wurde auf der Plantage gearbeitet, wenn gerade Blütezeit der verschiedenen Kräuter und Blumen war.

Im März 1941 war es kalt und sehr windig. Dachau liegt 600 Meter über dem Meeresspiegel auf der bayrischen Ebene. Ständig wurden die Gefangenen von SS-Leuten mittels Feldstecher beobachtet. Der kleinste Anlaß konnte Grund für eine Meldung werden. Die Folge einer Meldung war die Strafe der „Fünfundzwanzig"

(Schläge), des „Hängens", wobei man eine Stunde oder länger an beiden Armen frei im Baderaum aufgehängt wurde. Zusätzliche Strafarbeit bedeutete, daß der Gefangene abends nach dem allgemeinen Zählappell noch weitere zusätzliche Schwerarbeit leisten mußte.

Neben 30.000 registrierten Toten haben im Konzentrationslager Dachau weitere tausende nichtregistrierte Häftlinge ihr Leben verloren. Sie starben an Hunger, Krankheiten, Erschöpfung, Erniedrigung, an Schlägen, durch Foltern; sie wurden erschossen, erhängt, mit Spritzen getötet.

In Dachau wurden damals die katholischen Priester in einem sogenannten Sonderblock 26 zusammengezogen; auch die Baracken 28 und 30 gehörten dazu. Von den Ordensangehörigen gehörten etwa 25 Prozent dem Jesuitenorden an. Von insgesamt 69 Jesuiten sind 25 gestorben.

Die Folgen der schweren Gehirnerschütterung hat Pater Benninghaus nie überwunden. Ständig litt er unter Kopfschmerzen und Benommenheit.

Besonders hart traf ihn der Ausspruch des Lagerführers: „Das deutsche Volk hat euch ausgestoßen. Ihr seid ehrlos, wehrlos und rechtlos: Ihr habt hier zu arbeiten oder zu verrecken." Er war doch Deutscher und überzeugter Diener Gottes zugleich. Die üblichen Anreden lauteten: „Drecksau, Saukopf, Kindskopf, Pfaffe, ihr Hunde".

Bei der Ausgabe der kargen Essensrationen wurde Pater Benninghaus wiederholt weggestoßen, taumelte und wischte sich immer wieder über die Stirn, so als ob er seine Benommenheit damit vertreiben könnte. Infolge des ständigen Hungers verschlechterte sich sein körperlicher und geistiger Zustand immer mehr. Der Blockschreiber haßte ihn, weil er Jesuit war. Sofort mußte er in die damals schwere Arbeit auf der Heilkräuterplantage. Es dauerte nicht lange, bis sich Beschwerden einstellten.

Eine schwere Leidenswoche begann am 28. März 1942 für den polnischen Priesterblock 28. Der Anlaß war der Fund von 80 Dollar in Banknoten, die ein Laie in einem Brevier versteckt hatte. Die Folge war eine Reihe von Schikanen: Strafappelle von morgens bis abends, erzwungenes Singen und Strafsport, wobei etwa vierzig Priester starben.

Pater Benninghaus hat dem Mithäftling Hans Carls berichtet, am Karfreitag, 3. April 1942, seien einige SS-Leute zu seinem Block gekommen und hätten ihn herausgerufen. Sie führten ihn in die Schlafstube und befahlen ihm, auf das dritte Bett der Schlafgestelle hinaufzuklettern. Von dort sollte Pater Benninghaus das Lied „O Haupt voll Blut und Wunden" singen. Der Jesuit erklärte: „Das tue ich nicht." Darauf schlugen sie ihn derart, daß er bald zur Erde fiel. Er wurde emporgerissen und gezwungen, wieder den Bettkasten hinaufzuklettern. Jedoch stimmte er das Lied nicht an. Wieder wurde er mißhandelt und so lange geschlagen, bis er endlich mit schwacher Stimme das Lied sang. Die Schläge gingen weiter, bis er nicht mehr singen konnte und ohnmächtig wurde.

Der Invalidenblock

Pater Benninghaus ist nach der ersten Zeit im Zugangsblock zunächst im Priesterblock 26 gewesen. Bei einem Krankenrevieraufenthalt wurde er durch einen SS-Arzt selektiert und kam in den Invalidenblock 24, Stube 1. Dieser ist im Mangel- und Hungerjahr 1942 zusätzlicher Invalidenblock gewesen. Es war ein eigener Bereich, der innerhalb des Lagers nochmals mit Stacheldraht eingezäunt war. Kranke und sehr Schwache, bei denen nicht die Wiederherstellung der Arbeitsfähigkeit zu erwarten war, wurden hier abgesondert. P. Otto Pies SJ berichtete: „Es war ein Jammer, den großen Mann zu sehen, wie er ausgehungert und geschwächt, verschüchtert und hilflos in der schreienden, rücksichtslosen Masse auf dem Zugangsblock schwindelig mit seinem Eßnapf sich einen Weg bahnte oder ein stilles Plätzchen suchte." Aber von den Priestern des Block 26 konnte niemand persönlichen Kontakt zu dem Zugangsblock halten. Es war in dieser Zeit auch nicht möglich, zusätzliche Nahrung abzugeben, da im ganzen Lager eine trostlose Ernährungslage herrschte. Wöchentlich wurde ein Lastwagen mit solchen Todeskandidaten in die nächste Vergasungsanstalt abtransportiert. Das bedeutet, daß Pater August zur Vergasung in Schloß Hartheim bei Linz vorgesehen war. Hier war eine (im Vergleich zu Auschwitz) kleine Vergasungsanlage installiert worden.

Am 14. Juni 1942, also einen Monat vor seinem Tod, schrieb Pater Benninghaus auf dem Papier des Konzentrationslagers Dachau 3 K mit der Gefangenennummer 29 373 aus Block 24/1:

„Meine Lieben! Hurrah, ein Brief! Wie ein kleines Kind freut man sich darüber, zumal ich vergebens 1 Monat darauf gewartet hatte... Am 27. Juni ist es 1 Jahr, daß mir die Freiheit genommen wurde. Ihr werdet jetzt alle übermüde sein wegen der doppelten und 3fachen Ackerarbeit. Hoffentlich lohnt's der Herrgott mit einer guten Ernte. Auch hier im Süden war starker Frost und ist viel Wintersaat erfroren. Dachau liegt 20 km nördlich von München, aber die Nähe der Alpen bringt oft 1/4stündlich gänzlichen Wetterumschlag: heiß - kalt! Lb. Bruder Georg, würdest mich gern auf dem Heimweg von Hofgastein besuchen; noch schöner wär's, ich könnte mit Dir in die Heimat fahren. Rosl und Erich im Hafen der Ehe: Gott segne und behüte sie! Im Geiste war ich dabei und begleite die beiden mein Leben lang mit meinen Wünschen und Gebeten. Wolle Gott es fügen, daß ich bei Idas Hochzeit im Sept. dabei sein kann.

Erholung für Dich, Georg, sehr nötig; das verstehe ich. Georg von der Front gesund. Gott sei Dank! Und Heinrich öfter in Druchhorn als Nothelfer - die werden sich darüber freuen. Daß die 50M vom 1. April angekommen sind, habe ich schon geschrieben. Heiß, wie die Sonne hier öfter auf den Schädel brennt, sind meine Wünsche und Grüße an Euch alle! Euer August."

Der Leidensgenosse P. Otto Pies SJ schrieb über Pater Benninghaus in den „Mitteilungen der deutschen Ordensprovinzen der Gesellschaft Jesu": „Nach einigen Wochen stellte sich eine schwere Furunkulose ein, eine im Lager häufige Mangelkrankheit infolge Unterernährung. Der Pater wurde deswegen ins Revier eingeliefert, kam meines Wissens noch einmal auf den Zugangsblock zurück, aber der Zerfall schritt voran, und nach kurzer Zeit war er wieder im Revier, aus dem er nicht mehr zurückkehrte." Geschwulstartige Erscheinungen im verfallenen Gesicht kennzeichneten ihn als nächstes Opfer des Hungertodes. Die vom Wasser angeschwollenen Beine konnten den völlig geschwächten Körper kaum noch tragen. Der erste Aufenthalt von 14 Tagen im Krankenbereich hatte ihn nicht wirklich gesund werden lassen. Nach acht Tagen mußte er zum zweiten Mal ins Lazarett, weil er so krank war, daß er sich nicht mehr aufrecht halten konnte. Man konnte ihm noch heimlich die hl. Kommunion bringen, obwohl dies streng verboten war.

Pater August Benninghaus sprach still das Gebet die „Seele Christi" des Ordensgründers Ignatius:

„Leiden Christi, stärke mich.
Gütiger Jesus erhöre mich!
In Deinen Wunden berge mich.
Von Dir laß nimmer scheiden mich."

Am 20. Juli 1942, vier Tage nach seiner Einlieferung in das Lazarett, ist Pater August Benninghaus verhungert, nicht ganz 62 Jahre alt. Er war einer von den 2.720 Geistlichen, die in Dachau in zwölf Jahren inhaftiert waren. Fast 95 Prozent waren katholischen Glaubens. Insgesamt sind in den Jahren 1933 bis 1945 1.034 Geistliche getötet worden. Bei der Befreiung des Lagers am 29. April 1945 befanden sich unter den Häftlingen 1.240 Geistliche.

Ein Paket wurde am 10.8.1942 an die katholische Friedhofsverwaltung nach Ankum, also zum Pfarrhaus geschickt. Der Karton war mit einem gelben Querstreifen überklebt: Vorsicht, Aschereste! Nicht werfen! Darin befand sich eine Blechdose als Urne. Beigelegt war mit Namensnennung von August Benninghaus eine

Bescheinigung Nr. 4519/1942 des Krematoriums Dachau. Daß es sich wirklich um den eingeäscherten Leichnam des Paters handelt, ist mehr als zweifelhaft. Die Leichen wurden im Krematorium zusammen verbrannt und die Asche auf mehrere Urnen verteilt. Die Familienangehörigen hatten mit ihrem Totenbrief vom 25. Juli 1942 zum feierlichen Requiem am 30. Juli eingeladen (corpore non praesente, d. h. ohne den Leichnam). Die Urne wurde von Pfarrer Hermann Böckmann in einem Sarg am 31. August 1942 auf dem Ankumer Friedhof beigesetzt. Etwa 20 Geistliche nahmen daran teil, anschließend wurde erneut ein Requiem gefeiert. Auf seinem Grabmal bei den Priestergräbern des Ankumer Friedhofs stehen die Worte: „Märtyrertod Dachau".

Über den Tod hinaus

Die Gemeinde Ankum hat ihm zur Ehre eine Straße am Ortsausgang nach Druchhorn nach Pater Benninghaus benannt. Im Artländer Dom erinnert eine Bronzeplatte an ihn. Die Ankumer Oberschule trägt seinen Namen und pflegt eine lebendige Auseinandersetzung mit ihrem Namenspatron. Am Ort seiner Verhaftung, vor dem Ignatiushaus der Jesuiten, wurde ein Stolperstein in der Königstraße 36a in Münster verlegt. Ein Freundeskreis hat sich gebildet, der sein Andenken pflegt und im missionarischen Sinn von August Benninghaus Projekte in Südafrika unterstützt.

Pater August Benninghaus ist als Zeuge für Christus gestorben. Er ist ein Märtyrer, das heißt, daß er um seines Glaubens willen verfolgt wurde und den gewaltsamen Tod erlitten hat. Zwar gibt es das Wort Märtyrer im Neuen Testament noch nicht, aber in der Apostelgeschichte begegnen wir schon dem Martyrium des Stephanus (Apg 7, 54-60). Der Tod des Märtyrers entspricht dem Leiden und dem Tod Christi. Durch den Tod wird der Märtyrer zum Jünger Jesu, er erwirbt im Tod mit Jesus Christus die Vollendung und Auferstehung. Schon seit dem Ende des 2. Jahrhunderts ist es Tradition, daß der Jahrestag des Märtyrertodes am Grab von der betreffenden Gemeinde feierlich begangen wird. In vielerlei Anliegen die Fürbitte und Hilfe der Märtyrer zu erbitten, ist auch Teil der Verehrung dieser Freunde Christi.

Der Katechismus der Katholischen Kirche definiert das Martyrium als das erhabenste Zeugnis, das man für die Wahrheit des Glaubens ablegen kann; es ist ein Zeugnis bis zum Tod. Der Martyrer legt Zeugnis ab für Christus, der gestorben und auferstanden ist, und mit dem er durch Liebe verbunden ist. Er legt Zeugnis ab für die Wahrheit des Glaubens und der christlichen Glaubenslehre.

Pater August Benninghaus hat sich den Ansprüchen der irdischen Machthaber verweigert. Besonders dem gottlosen Massenmörder an der Spitze des Regimes hat er die Verehrung versagt, weil Anbetung Gott allein gebührt. „Wer Menschen zu Märtyrern macht, wollte selbst anstelle Gottes angebetet werden. Der Märtyrer hat es ihm verweigert." (Klaus Berger) Die Wut der Lakaien des Regimes zog er auf sich, weil sie bei ihm die Freiheit sahen, Liebe und Achtung nur dem zu schenken, der sie verdient: nicht dem Führer, sondern Gott. Das von Menschen geschaffene Endzeitreich der „1000 Jahre" konnte keinen Bestand haben. Gottes Reich, dem Pater

Benninghaus sein ganzes Leben gedient hat, überdauert alle irdischen Reiche und überwindet auch den Tod.

Pater August Benninghaus wurde in das deutsche Martyrologium des 20. Jahrhunderts aufgenommen. Sein Gedenktag ist am 20. Juli.

Der Hl. Papst Johannes Paul II. sieht nicht nur die Beispielhaftigkeit der Blutzeugen, sondern legt Wert auf die Feststellung, daß die Erinnerung an die Martyrer zugleich Zukunftsfähigkeit in sich birgt:

„Für uns sind sie ein Beispiel, dem wir folgen sollen. Aus ihrem Blut müssen wir Kraft schöpfen für das Opfer unseres Lebens, das wir Gott jeden Tag darbringen sollen. Sie sind unser Vorbild, damit wir - wie sie - mutig unser Zeugnis der Treue zum Kreuz Christi ablegen." (in Bromberg am 7. Juni 1999)

Gebete

Gott, allmächtiger Vater,

du hast uns in Pater August Benninghaus einen eifrigen Missionar und Seelsorger geschenkt, einen Menschen, der sich immer für andere einsetzte und half, wo immer er es vermochte, einen Priester und Ordensmann, der sich in ungerechter Verfolgung durch irdische Machthaber ganz deinem Willen überließ und im festen Vertrauen auf deine Güte und Vaterliebe alle Widerwärtigkeiten ertrug, einen standhaften Bekenner, der treu zu seinem Glauben an deinen Sohn und seine Heilstat für uns Menschen bis in den Tod geblieben ist.

Wir bitten dich auf die Fürsprache von Pater Benninghaus: Erhöre die Anliegen, mit denen wir zu dir kommen. Gib uns die Kraft, wie er deinen Willen zu erkennen und treu zu erfüllen. Verleihe uns wie ihm christlichen Starkmut, um Unrecht und Leid geduldig zu ertragen und auch die letzte Läuterung in vorbehaltloser Bereitschaft anzunehmen und durchzustehen. Gib uns den Mut, alles so anzunehmen, wie du es in deiner Vorsehung schickst:

"Nicht mein, sondern dein Wille geschehe" (LK 22,42).

Darum bitten wir durch Christus, unseren Herrn. Amen.

Pater August Benninghaus,

du warst ein Mann, der ganz aus dem Glauben lebte. Du kanntest nichts als Gott und Gottes größere Ehre. Dein Leben war aus einem Guß, einfach und groß. Du hast es Gott geweiht. Dein Denken und Planen kannte nur ein Ziel, dein Herz kannte nur eine tiefe Liebe, dein Leben hatte nur die eine Aufgabe: Gottes Reich zu vergrößern und Seelen zu retten.

Du hast gelebt, was du gepredigt hast: Echt sein, wahr sein, ganz sein! Für deine Liebe zu Gott bist du in den Tod gegangen. Vertrauensvoll rufen wir zu dir um die Kraft, die dich so sicher gemacht hat.

Erbitte mir die Gnade eines starken Glaubens, des Eifers für die Ehre Gottes und der Liebe zu Christus und seiner Kirche. Hilf mir, daß ich Gottes Ehre in allem suche und fördere, besonders in meiner Tagesarbeit und meinen Pflichten. Erflehe mir die Gnade einer aufrichtigen Liebe zu Christus, damit ich seinen Willen erfüllen kann. Steh mir bei in meiner Todesstunde.

Durch Christus, unsern Herrn, in der Einheit des Heiligen Geistes zur Ehre Gottes des Vaters. Amen.

Fotos

Die Datierungen der Fotos sind Schätzungen.
Alle Fotos aus dem Archiv des Freundeskreises
P. August Benninghaus SJ.

August Benninghaus als Schüler um 1898

P. August Benninghaus als Jesuit um 1913

P. August Benninghaus um 1914

P. Benninghaus mit seinem Dienstmotorrad bei der
Ankumer Kirche um 1930

P. Benninghaus 1938 in den Wiesen von Druchhorn

P. August Benninghaus um 1940
(letztes Foto)

Hofkreuz 1936
Mein Jesus - Barmherzigkeit

Grabplatte auf dem Ankumer Friedhof